स्वर्ग की खोज

-मृत्यु के पार, आत्मा और परमात्मा का दिव्य संवाद

आकाश 'व्योम' गोयल

विषय सूची

कॉपीराइट एवं प्रकाशन विवरण

प्रथम संस्करण: 2025

"अयं आत्मा ब्रह्म"

(This very soul is Brahman)

——— ॐ ———

समर्पण

यह कृति उन सभी साधकों को समर्पित है,

जिन्होंने मृत्यु के पार देखने का साहस किया।

—— ॐ ——

(A silent offering to all seekers who dared to look beyond death)

—— ॐ ——

प्राक्कथन

जीवन के परे क्या है – यह प्रश्न मानवता जितना पुराना है।

मृत्यु के उस मौन क्षण के बाद क्या केवल शून्य बचता है, या कोई और द्वार खुलता है – यह जिज्ञासा हर युग में साधकों, कवियों और दार्शनिकों को बेचैन करती रही है।

यह रचना "स्वर्ग की खोज" उसी सनातन प्रश्न की आत्मिक यात्रा है।

यह कोई धार्मिक आख्यान नहीं, बल्कि एक आत्मा की साक्षात्कार-यात्रा है – जहाँ मृत्यु अंत नहीं, आरंभ है; और स्वर्ग कोई स्थान नहीं, बल्कि एक स्थिति है।

इस संवाद में आत्मा न केवल प्रभु से प्रश्न करती है, बल्कि स्वयं के भीतर उतरकर उन उत्तरों को अनुभव भी करती है।

यह कृति हमें सिखाती है कि ईश्वर बाहर नहीं – भीतर है, और स्वर्ग वह क्षण है जब आत्मा स्वयं को पहचान लेती है।

– आकाश 'व्योम' गोयल

(कवि, चिंतक एवं लेखक)

—— ॐ ——

परिचय

"स्वर्ग की खोज" एक ऐसी काव्यात्मक यात्रा है जिसमें एक भ्रमित आत्मा मृत्यु के पश्चात स्वर्ग की तलाश में निकलती है। दिनभर आकाश, दिशाओं और लोकों में भटकने के बाद भी जब उसे स्वर्ग नहीं मिलता, तभी उसकी भेंट स्वयं प्रभु से हो जाती है।

यहीं से प्रारंभ होता है एक अद्‌भुत, गंभीर और रहस्यमय संवाद – आत्मा और परमात्मा के बीच।

इस वार्तालाप में आत्मा अपने गहन प्रश्न पूछती है –

क्या स्वर्ग सच में कोई स्थान है या केवल एक अवस्था?

कर्म, पुनर्जन्म और मोक्ष के रहस्य क्या हैं?

क्या मृत्यु अंत है या एक नई शुरुआत?

प्रभु के उत्तर न केवल तर्क और अनुभव से भरे हैं, बल्कि वे पाठक के भीतर की चेतना को भी झकझोर देते हैं। यह संवाद जीवन, मृत्यु और अस्तित्व के रहस्यों को एक नई दृष्टि से देखने का आमंत्रण देता है।

आकाश 'व्योम' गोयल, एक बहुआयामी कवि और चिंतक, जिन्होंने अपनी लेखनी से विविध विधाओं में अपनी अलग पहचान बनाई है, इस बार पाठकों के समक्ष एक अनूठा प्रयास लेकर आए हैं – एक ऐसी रचना जिसमें काव्य, दर्शन और आत्मबोध का विलक्षण संगम है।

गद्य रूप में लिखा यह आध्यात्मिक संवाद न केवल रोमांचक है, बल्कि आत्म-ज्ञान की दिशा में एक दीपस्तंभ समान है।

यह कृति हर उस पाठक के लिए है जो जीवन के अर्थ, मृत्यु के रहस्य और ईश्वर के अस्तित्व को समझने की प्यास रखता है।

यह केवल एक रचना नहीं – एक अनुभूति है, एक जागृति है।

—— ॐ ——

प्रथम अध्याय - "स्वर्ग और नर्क"

(प्रभु से मिल जाने पर आत्मा प्रसन्न हो जाती है और यह सोचते हुए की अब स्वर्ग का मार्ग आसानी से पता चल जाएगा, प्रभु से कहती है)

आत्मा:

हे प्रभु!

भान न था पल में हाथ धो लूँगा जान से,

यदि संकेत मिल जाता मरता आराम से।

मैं कल रात्रि नींद में ही नया नया मरा हूँ,

योजन कर ना पाया अतः काफ़ी डरा हूँ।

रात से भटक रहा हूँ इन लंबे रस्तों पर,

कृपा मुझे स्वर्ग की ओर इंगित देते कर।

सोलह बार किया है काशी में गंगा स्नान,

सहस्रों ब्राह्मणों को कराया है खान पान।

मुख्य नगर मंदिरों में माथा मैंने टिकाया,

निम्न कार्यों में कभी ये मन नहीं लगाया।

अच्छे कर्मों का हिसाब लिखवा लाया हूँ,

पुण्य-तथ्यों का झोला भी साथ लाया हूँ।

प्रभु ग्रहण करें झोला अब आपका है,

मार्ग बतायें स्वर्ग का, समय रात का है।

(आत्मा की बात सुन कर, क्रोध में आये प्रभु

वेग में कहते हैं)

प्रभु:

कड़ी मेहनत कर एक तो संसार ये रचाया,

रचनाओं का भंडारा कर ब्रह्म को सजाया।

कितने भावों रंगों से तेरे जी को बहलाया,

भिन्न-भिन्न स्वाद तेरे मुँह मन को चखाया।

मनुष्य जीवन का अनुभव व भान कराया,

पेड़, जीव, जंतु, पंच-तत्व से तुझे मिलवाया।

क्या इस पूरे खेल में तुझे मज़ा नहीं आया?

मूरख, मरकर जो तू अब स्वर्ग ढूँढने आया?

सुख फिसले तेरे तन से, जैसे हो कोई रेत,

दुख चिपके तेरे मन में, जैसे हो कोई पेंच।

बावले, सुख दुख तो थे दोनों - मात्र स्वाद,

इन्हें भोग, दृष्टा बन, मजे लेता तू पश्चात्।

तूने किंतु निज दुखों को रखा निरा याद,

कल कल में जी तूने जीवन किया बर्बाद।

जा ये सज़ा है तेरी, के तुझे स्वर्ग ना मिले,

वहीं न मिले, यहीं न मिले, कहीं न मिले।

संप्रति हेतु मैं आसान सा ही कुछ कहूँगा,

पश्चात् तुझे जटिल प्रश्नों का उत्तर दूँगा।

वैसे तेरे लिये एक प्रश्न मेरे मन में भी था,

किसके कहे से यहाँ स्वर्ग मान लिया था?

ज़रा सोच, यदि स्वर्ग यहाँ हो एक और,

वासी शीघ्र चलते 'उच्च' स्वर्ग की ओर।

सामान्य, उच्च, उच्चतर व सर्वोच्च स्वर्ग,

स्वर्ग-श्रेणियों की बेल चलती बिना छोर।

जिसने भी ढूँढा, उसे मिला स्वर्ग धरा पर।

जिसने भी ढूँढा, उसे मिला नर्क धरा पर।

बाँका, जो मरणोपरांत स्वर्ग ढूँढ रहा है,

दया-पात्र वो स्वर्ग सी धरा खो चुका है।।

—— ॐ ——

द्‌वितीय अध्याय - "कर्मों का फल"

आत्माः

हे प्रभु!

पुण्यों का मेरे क्या यहाँ कोई भी मान नहीं?

कर्मों का मेरे क्या यहाँ कोई भी स्थान नहीं?

चिंतित हूँ मैं आपकी निराली बातें सुनकर,

पृथ्वी से नाहक ही लाया सारे खाते बुनकर।

पृथ्वी पर कहते कर्मफल जन्मों का होता है

जो अनदेखा करे कर्म व फल दोनों खोता है

कर्मफल जन्मों जन्मों का पोथा व द्योता है

सुना था इंसान वही पाता है जो वो बोता है

प्रभुः

बालक प्रसन्न हूँ तेरी जिज्ञासा को देखकर,

मोद में हूँ तेरे भ्रमजाल विस्तार को देखकर।

कैसे जाने जटिल विषय को मेख मेख कर?

बहु कल्प-क्रम सोचने होंगे मीन-मेख कर।

विश्वास तुझे है हाल में लिखे हुए लेख पर,

नहीं कहता वे नहीं मूल सूत्र परिपूर्ण धरोहर।

मानता हूँ लिखे गये द्वारा हैं ज्ञानी मान्यवर,

धर्म ने पृथक मनुष्यों को मिलाया एक-कर।

अनेक धर्मों ग्रंथों में अब भी बची धेख, पर।

सहस्रों वर्षों को अरबों के समक्ष भेख धर,

विनाश सृजन में उद्विकास को अनदेख कर,

शनैः शनैः मनु अग्र उदार होगा उद्भेद कर।

स्व-रचा स्वर्गांश, नर्कांश तू भोग आया है।

निज कर्मफल-अंश स्वतः स्वयं पाया है।

तूने भोगे ब्रह्मतत्व, उन्हे परस्पर खाया है।

और बताता हूँ ध्यान दे क्योंकि धाया है।

तेरे अच्छे कर्मों से तुझे पुण्य कुछ थे मिले,

उनसे उपजी ख़ुशी शांति के भाव थे खिले,

वह अद्भुत स्वर्ग-अंश तो तू भोग आया है।

स्यात् साथ में कुछ पुण्य तू सजा लाया है।

तेरे बुरे कर्मों से तुझ पर पाप कुछ थे चढ़े,

उनसे उपजे संतापों दुखों के भाव थे बढ़े,

वह तपता नर्क-अंश भी तू भोग आया है।

स्यात् साथ में कुछ पाप भी बचा लाया है।

शेष पाप-पुण्य परिमाण भविष्य में होगा।

भोगेगा भावी काल व रूप में जो न भोगा।

अपने पिछले रूप से मुक्त हुआ तू जब,

भूल जा स्वर्ग को, व नर्क को भी तू अब।।

कोई कारण नहीं के तू अधिक यहाँ रुके।
कर्मफल-प्रश्नोत्तर हाल के लिये हो चुके।
संप्रति हेतु मैं आसान सा ही कुछ कहूँगा,
पश्चात् तुझे जटिल प्रश्नों का उत्तर दूँगा।।

—— ॐ ——

तृतीय अध्याय - "पुनर्जन्म"

(प्रभु की बातें सुनकर आत्मा विचलित सी हो

आत्म-चर्चा करती है)

आत्मा:

वहाँ काल्पनिक स्वर्ग पाने की चाह में,

यहाँ वास्तविक स्वर्ग छूट गया राह में।

न इधर का रहा मैं न उधर का हुआ मैं,

पहुँच गया इस हास्यप्रद सी गाह में!

(आत्मा आत्म-चर्चा के बाद प्रभु से कहती है)

आत्मा:

हे प्रभु!

मर गया हूँ सही, पर पुनर्जन्म तो होगा?

पाप हुआ इस बार ठीक से ना भोगा।

धरा पे स्वर्ग है, ध्यान में रख लिया है,

पुनर्जन्म होते करूँगा, जो ना किया है।

क्या मनुष्य बन पाऊँगा एक बार फिर?
क्या भावों, मन-तरंगों से मैं जाऊँगा घिर?
आशा है मेरी, कि मनुष्य बन कर जाऊँ,
अपनी ग़लतियों को पुनः नहीं दोहराऊँ।

प्रभु:

भोला है, अपने शरीर में ही खोया है तू।
त्याग आवरण, तत्व साँचे से स्वतंत्र तू।
पुनर्जन्म होगा, कोई नया रूप होगा तेरा।
क्या रूप होगा बताना काम नहीं है मेरा।

मेरे लिये सब रचनायें हैं एक ही समान,

मैं एक को दूसरे से नहीं पाता पहचान।

तू, पेड़, पौधे, जीव-जंतु सभी हो महान।

जनी थीं ये सब यही कर के जान मान।

पृथ्वी, सौर-मंडल एक सुंदर चमत्कार है।

जीवन जीवंत करे, मेरा सपना साकार है।

रचनाओं की परस्पर तुलना भी बेकार है।

मूल जीव का तू बता क्या ही आकार है?

मनुष्य, मच्छर, मछली, मुर्ग़ा या मगर,

सभी भिन्न हैं, तुलना करें भी कैसे मगर?

हर जीव को योनि प्रिय होती है अपनी,

नहीं सोचता पर वो जीवन की जीवनी।

परस्पर क्रिया से नव-जीवन फलें-फूलें,

रत्नगर्भा पे असंख्य रचनायें झूला झूलें।

ब्रह्म-तत्व निरंतर हैं नव-निर्माण में रत,

कल कुछ था, आज कुछ और है सत।

कल कुछ होगा, आज को करके हत,

तू भी बदला जाएगा, अतः घबरा मत।

ब्रह्मांड में जीवित अनेकों हैं, अन्य ग्रह भी।

अगण्य रूपों में, तिमिर में कोने कोने की।

तू विकसित नहीं कि सब को जाने अभी,

क्यों सोचता है जीवन बसे पृथ्वी पर ही?

तेरा कभी जन्म हुआ ही नहीं सच कहूँ,
तू कभी मरा भी नहीं यह भी बता ही दूँ।
भौतिक रूप ज़रूर बदले तूने कितने ही,
काया बहु साँचों में पड़ी, गली, गढ़ी, ढली।

याद मुझे, पेड़ भी बन लहलहाया तू था,
मेरु शिखर पर भी चमका कणाश्म सा,
लाखों वर्ष पूर्व भीमसरट् बन उड़ चला,
उससे पूर्व उल्का बन बुध पर जा गिरा।

उजले, काले द्रव्य में, ऊर्जा या तरंग में,

अंतरिक्ष में, ग्रह-उपग्रह पे, या नक्षत्र में,

हर काल में, समय में, तू है चलायमान।

चेत में, कुछ अचेत में, तू है विराजमान।

अनादि है, जानकर चिंता-मुक्त हो जा।

अधिक सोच व्यर्थ है, आराम से सो जा।

जो भी रूप मिले, उसी में पूर्णतः खो जा।

जब जान जाए, जगे, जन-जानवर जो जा।।

—— ॐ ——

चतुर्थ अध्याय - "भाग्य / क़िस्मत"

आत्माः

हे प्रभु!

धन्य हुआ जो आपसे स्वयं को जाना,

आपको ही सदैव सर्वस्व स्वामी माना।

सब कुछ ही आपके इशारे से चलता है,

काल चक्की में मनुष्य-भाग्य दलता है।

प्रभुः

जो होने वाला है वो, या हो चुका वो,

प्रारब्ध, व भाग्य में मत समय को खो।

बेहतर होगा अपने हाथों को ले धो,

इन्ही से बनता भाग्य तेरा जो भी हो।

यदि तेरी आगत जीवनी ही लिख दूँ,
फिर सृष्टि देखने में कैसे आनंद लूँ?
जिस प्रकार तुझे भविष्य में रुचि है,
मुझे भी अनागत काल में रुचि हाँ है।

बड़े कार्यक्रम मुझे ज्ञात भी हैं तो,
विस्तृत घटनाक्रम नहीं पता मुझे लो।
तेरा जीवन घटनाक्रम स्वाद तेरा भी,
तेरा जीवन घटनाक्रम उन्माद मेरा भी।

शाश्वत सत्यों से बंधा था तेरा जीवन,

जैसे शाश्वत सत्यों से बंधा है ये ब्रह्म।

सब कुछ काल चक्र अन्तर्गत चलता,

उसमें प्रतिदिन भाग्य सभी का दलता।।

—— ॐ ——

पंचम अध्याय - "जीवन सार"

(अंततः, प्रभु आत्मा से जीवन सार कहते हैं)

प्रभु:

कुछ और कहे देता हूँ, दिल थाम अपना,

चित्रण मेरा, तेरे मन की है एक कल्पना।

मैं भी हूँ, अवश्य ही हूँ, सर्वत्र हूँ, अनादि हूँ।

अंदर हूँ, बाहर हूँ, मूल हूँ, अंत हूँ, अनंत हूँ।।

शिव में, शक्ति में, प्रेम में, भक्ति में हूँ।

शून्य में, अशून्य में, अनन्तता में भी हूँ।

सूक्ष्म में, भव्य में, व्योम में, द्रव्य में हूँ।

तिमिर, प्रकाश, सघन-आकाश में हूँ।।

कण में, तरंग में, प्रत्यक्ष, व गुप्त रंग में,

काले में, सफ़ेद में, एकता और भेद में,

आकार, निराकार में, हल्के में, भार में,

चल में, अचल में, तल में, व अतल में,

कृष्ण-विवारा में, परमदानव-तारा में हूँ।

स्फटिक में, जीन में, मीन में, हीन में हूँ।

कल कल में हूँ, तब में हूँ, अब में भी हूँ।

तुझमें हूँ, इसमें हूँ, उसमे हूँ, सबमें ही हूँ।

सब कुछ ही मैं हूँ, मैं सब कुछ भी हूँ।
सार्वभौमिक सृष्टि बुद्धिमत्ता ही मैं हूँ।
जैसे तू ब्रहम का, मैं भी हूँ इस ब्रहम का,
तू अंश मेरा पर स्वतंत्र कर्ता कर्मों का।।

तभी तू, तेरा, तुझसे, तुझमें - 'तत् त्वम् असि'।
ब्रह्मांड-ब्रहम बसे, बहे, बोल - 'अहं ब्रह्मास्मि'।।

आत्माः

हे प्रभु!

धन्य हूँ जो आपसे आज मिलना हुआ,

मानो प्रथम बार प्रभु चरणों को छुआ।

लगे हाथों कुछ और भी प्रश्न थे मन में,

उत्तर दें आप इसी रत्न खनन सदन में।

बतायें क्या है इंसान का सर्वोपरि धर्म,

बतायें क्या है इंसान का सर्वोपरि कर्म?

फलों का क्या नाता मनुष्य के कर्म से,

कैसे मापते हैं उसे मापदण्ड के धर्म से?

प्रभुः

हे पुत्र!

लगता है ये प्रश्न बहुत ही जटिल जो,

पर इससे सरल पास कोई उत्तर न हो।

तेरे मन में क्या सही ग़लत का भाव है,

ग़लत न करने व सही करने का चाव है?

ऐसे तू दिवंगत, पर कर्मों का पोथा है,

तू बना उसका, जो तूने किया सोचा है।

सत्य अनुसरण कर, असत्य को त्याग,

अच्छाई को पकड़ कर बुराई से भाग।

कुविचार को त्याग, अग्नि में झोंककर,

कुकृत्यों का असीमित पश्चाताप कर,

स्नेह, क्षमा, दया, प्रेम का भाव बनाकर,

सुकर्मों, सुविचारों का ताज सजाकर,

मन समंदर को पंखुड़ी से हल्का कर,

निज मस्तक पर गौरव का टीका धर।

फिर तुझे किसका, कैसा, क्यों है डर?

जी निज जीवन पूर्णतः होकर निडर।।

प्रभु:

सब, सारे, सभी (सर्वे) ये, यह, यही (एतत्)

ज्योत जो जले (प्रकाशं) जगो जान जाओ (ज्ञानं)

अब, आज, अभी (सद्यः) पुनः पीयूष पाओ

(प्राप्नुवन्तु)

'सर्वे एतत् ज्ञानं प्रकाशं च सद्यः प्राप्नुवन्तु'

{सभी को यह ज्ञान व प्रकाश तत्काल प्राप्त हो

जाये}

ब्रह्म व्याप्तं मनः तत् मनः व्याप्तं ब्रह्म।

'ब्रह्मणा पूरितं मनः यस्य सः स्वयमेव भगवन्तं

विन्दति॥

{जो मन ब्रह्म में व्याप्त हो ब्रह्म उस मन में

व्याप्त हो जाता है।

जिसके मन में ब्रह्म व्याप्त हो प्रभु को वह

स्वतः ही पाता है॥}

वायुतले गन्ध इव भवतः चरित्रे प्रविशतु।

अधिकं गन्धं प्राप्तुं शक्नोति स्म, अन्ते काले मा

चिन्तयन्तु॥

{अपने किरदार में ऐसे घुल जाओ जैसे ख़ुशबू

वायु में।

अधिक महक सकता था, मत सोचना अंत समय

में॥}

—— ॐ ——

उपसंहार – मौन का उत्तर

जब मौन ने उत्तर दिया – तब प्रश्न का अस्तित्व मिट गया।

यही वह क्षण था जब आत्मा ने जाना – स्वर्ग बाहर नहीं, भीतर है।

॥ इति ॥

(When silence answered, the question ceased to exist.

In that moment, the soul realized – heaven is not beyond, it is within)

—— ॐ ——

शब्द-सूची

इन शब्दों के अर्थ जान लेने से आत्मा और प्रभु के बीच का यह दिव्य संवाद और भी स्पष्ट, गहन और अनुभवसिद्ध हो जाता है।

अ

अनादि – जिसका कोई आरंभ नहीं; शाश्वत, सनातन

अशून्य – जो शून्य नहीं; भौतिक या चेतन उपस्थिति वाला

अतल – अत्यंत गहरा तल, नीचे का लोक या स्तर

अद्‌वैत – भेद का अभाव; यह अनुभव कि सब एक ही सत्य के रूप हैं

अंश – भाग या अंश; ब्रह्म का सूक्ष्म अंश आत्मा में निहित है

अनागत – जो अभी नहीं आया; भविष्यकाल या आने वाला समय

अकाय – शरीररहित; सूक्ष्म रूप में विद्‌यमान आत्मा

आ

आवरण – आवरण या परदा; अज्ञान का पर्दा जो सत्य को ढकता है

आत्मा – चेतन तत्व; जो अनुभव करता है, अमर और अविनाशी

आत्म-चर्चा – आत्मा का स्वयं से संवाद; अंतर्मुख चिंतन

आकाश / व्योम – अनंत विस्तार; चेतना या ब्रह्म का प्रतीक

आश्रय – आधार, सहारा; ईश्वर का आलंबन

क

काया – देह, शरीर; आत्मा का अस्थायी आवास

कणाशम – सूक्ष्म कण या प्रकाश तत्व; चेतना का सूक्ष्म रूप

कर्मफल – कर्मों के अनुसार प्राप्त परिणाम या अनुभव

कृष्ण-विवर – अंतरिक्ष का गहरा क्षेत्र जहाँ प्रकाश भी लुप्त हो जाता है (Black Hole)

कल्प-क्रम – सृष्टि के विशाल कालचक्र या कालखंड

कर्त्ता – जो कर्म करता है; सक्रिय आत्मा

कण – सूक्ष्मतम अंश; परमाणु या चेतना का बिंदु

ख

खान-पान – अन्न या भोज्य सामग्री; यहाँ धार्मिक दान के संदर्भ में

खोया / गली-गढ़ी-ढली – परिवर्तनशीलता का रूपक; रूपों का बदलना

ग

गगन / व्योम – आकाश; चेतना का प्रतीक

ग्रह / उपग्रह – खगोलीय पिंड; सृष्टि के विविध रूप

च

चेत / चेतन – जागरूक, सजग; जीवन की मूल शक्ति
चमत्कार – आश्चर्यजनक सृष्टि या अद्भुत घटना

ज

जन / जानवर / जीव – चेतन प्राणी; ब्रह्म की विभिन्न रचनाएँ
जनी / रचना – उत्पत्ति या सृजन

त

तत्त्व – किसी वस्तु या सत्य का मूल स्वरूप
तिमिर – अंधकार; अज्ञान या शून्यता का प्रतीक
तपता नर्क-अंश – आत्मा के भीतर की पीड़ा या अधर्मजन्य अनुभव
तू / तूने / तुझमें – यहाँ दार्शनिक रूप में आत्मा और ब्रह्म का संवाद

तत् त्वम् असि – "तू वही है"; आत्मा और परमात्मा की एकता का महावाक्य

द

द्रव्य – पदार्थ, तत्व; भौतिक या सूक्ष्म रूप में विद्यमान

दानव-तारा / परमदानव-तारा – विशाल तारे या ब्रह्मांडीय शक्ति का प्रतीक

दुख / संताप / पाप – नकारात्मक अनुभव; असंग चेतना की अवस्था

न

नर्क – चेतना की निम्न अवस्था; दुःख और अज्ञान का प्रतीक

निम्न कार्य – अधार्मिक या आत्मविरोधी कर्म

निराकार – रूपरहित; ब्रह्म या चेतना की शुद्ध अवस्था

प

पाप – असंगति या अज्ञान से उत्पन्न कर्म

पुण्य – करुणा, सत्य या शुभ कर्मों से उत्पन्न फल

पंचतत्व – पृथ्वी, जल, अग्नि, वायु, आकाश – सृष्टि के मूल तत्व

प्रभु – ईश्वर, परमात्मा; सर्वव्यापक चेतना

प्रारब्ध – कर्मों का वह भाग जो वर्तमान जीवन में फलित होता है

प्रकाशं – ज्योति, चेतना या ज्ञान का प्रतीक

प्रलय – विनाश या रूपांतरण; पुनर्जन्म की पूर्वावस्था

ब

ब्रह्म – परम सत्य, सर्वव्यापक चेतना, जो सबमें विद्‌यमान है

ब्रह्मांड – समस्त सृष्टि; ब्रह्म की दृश्य अभिव्यक्ति

ब्रह्मतत्त्व – ब्रह्म का सार; वह सिद्‌धांत जो समस्त अस्तित्व का आधार है

ब्रह्मणा पूरितं मनः – उपनिषदिक वाक्य; मन और ब्रह्म की एकता

भान – बोध, चेतना या ज्ञान

भोग / भोगना – अनुभव करना; कर्मों के फल का अनुभव

म

मनु – मानवता के आदि पुरुष; प्रतीक रूप में मानव बुद्धि

माया – भ्रम; जो वस्तु को उसके असली रूप से भिन्न दिखाती है

मीन-मेख – सूक्ष्म विश्लेषण; जटिल प्रश्न का विश्लेषण करना

मूल जीव – चेतन सत्ता का प्रथम रूप

मोक्ष – मुक्ति; आत्मा का अपने सत्य स्वरूप का बोध

र

रत्नगर्भा – पृथ्वी का विशेषण; जीवन को धारण करने वाली

रूप / सांचा – आकृति या आकार; आत्मा जिन-जिन रूपों में प्रकट होती है

व

विनाश – किसी रूप का अंत; सृजन के अगले चक्र की तैयारी

विकास / उद्विकास – क्रमिक परिवर्तन; चेतना का विस्तार

वेदांत – वेदों का सार; अद्वैत दर्शन

वायु-तले गन्ध – रूपक: आत्मा का संसार में घुलना जैसे गंध वायु में

वासनाएँ – इच्छाएँ या संस्कार जो जन्म-जन्मांतर में आत्मा के साथ रहती हैं

व्योम – आकाश; अनंत चेतना का प्रतीक

श

शाश्वत – सदा रहने वाला, अमर

शून्य – रिक्तता; जहाँ सब कुछ है पर कुछ भी नहीं

शिव – परिवर्तन और सृजन के मूल देवत्व का प्रतीक

शक्ति – चेतना की सक्रिय ऊर्जा; ब्रह्म का गतिशील रूप

स

संप्रति – वर्तमान में, अभी; तत्काल काल का द्योतक

सत् – सत्य, अस्तित्व, जो है और जो रहेगा

सत्यं – सत्य; वस्तु या अनुभव का असली रूप

सृष्टि – ब्रह्म की अभिव्यक्ति; दृश्य जगत

सर्वभौमिक सृष्टि बुद्धिमत्ता – ब्रह्म की चेतन योजना, Universal Intelligence

स्यात् – संभवतः, तर्कसंगत संभावना; जैन दर्शन से लिया गया शब्द

स्वर्ग – आनंद की चेतन अवस्था; आत्मिक शांति का प्रतीक

स्वरूप – किसी वस्तु या आत्मा का मूल रूप

ह

हृदय – आत्मा और मन का संगम; अनुभूति का केंद्र

हीन – अधूरा, न्यून; यहाँ विरोधी संदर्भ में प्रयुक्त

प्रत्येक शब्द एक संकेत है – भीतर के स्वर्ग की ओर ले जाने वाला।

जब इन शब्दों का अर्थ मन में उतरता है, तो आत्मा मौन में उत्तर देती है।

—— ॐ ——

लेखक परिचय

आकाश 'व्योम' गोयल एक कवि, चिंतक और अध्यात्म-साधक हैं।

उनकी रचनाएँ जीवन, मृत्यु, चेतना और आत्मबोध जैसे सूक्ष्म विषयों को काव्य, दर्शन और अनुभव के संगम में पिरोती हैं।

वे मानते हैं कि लेखन केवल अभिव्यक्ति नहीं – एक साधना है। हर शब्द, हर मौन, भीतर की किसी अनकही अनुभूति का दर्पण है।

आकाश 'व्योम' गोयल आईआईटी रुड़की से इंजीनियरिंग स्नातक और आईआईएम कलकत्ता से एमबीए स्नातकोत्तर हैं।

उनकी कविताएँ और दार्शनिक लेखन “अंतर्मन की यात्रा” कहलाते हैं – जहाँ प्रश्न स्वयं उत्तर बन जाते हैं, और मौन ही संवाद हो जाता है।

—— ॐ ——

“लेखन ध्यान है – और कविता आत्मा का मौन संवाद।”

- आकाश ‘व्योम’ गोयल

—— ॐ ——

“Writing is meditation – and poetry is the silent dialogue of the soul.”

– Aakash ‘Vyom’ Goel

—— ॐ ——

www.ingramcontent.com/pod-product-compliance
Lightning Source LLC
LaVergne TN
LVHW070248220926
848482LV00035B/670
* 9 7 9 8 9 0 1 3 6 2 4 2 6 *